Afrique et Développement :
Où sont passés nos intellectuels ?

Djibril Diabaté

Anzman Diabaté

Tous droits reservés. Djibril Diabaté & Anzman Diabaté

ISBN : 9781079371475

DÉDICACE

À tous ceux qui souffrent du retard économique du continent noir
À tous les jeunes africains à qui il n'est jamais donné une chance
À toute la grande famille Diabaté
À tous nos enfants et petits-enfants où qu'ils soient…

Attention

Ce livre est une collaboration entre deux « analphabètes » qui ont eu la même idée : l'Afrique doit s'industrialiser pour se développer faute de quoi nous resterons les éternels opprimés sur le plan international.

REMERCIEMENTS

À tous les intellectuels d'Afrique et d'ailleurs.

Nous dédions également ce livre à tous les pays faibles, qui ne possèdent pas d'industries capables de fabriquer même une aiguille en ce XXIème siècle.

Nous le dédions surtout à cette Afrique qui constitue un paradoxe : sa terre est riche, et pourtant les produits qui proviennent de son sol et de son sous-sol vont enrichir non pas les populations africaines, mais des individus, des dirigeants véreux, des intellectuels aux appétits voraces et des groupes qui travaillent à son appauvrissement.

REMERCIEMENTS de Djibril Diabaté

Nous remercions tous ceux qui ont rendu possible la publication de ce livre. Ils sont nombreux à nous avoir encouragé. Les uns plus discrètement que les autres, mais nous devons à tous une égale gratitude.

Nous remercions particulièrement tous ceux qui nous ont apporté par leurs conseils avisés et leurs encouragements, une contribution directe à la réalisation de ce livre intitulé « *Afrique et développement : Où sont passés nos intellectuels ?* »

Nous ne pouvons citer tous ceux qui nous ont aidé. Toutefois, nous ferons une mention spéciale à tous les responsables des différentes entreprises éparpillées à travers le monde entier dans lesquelles nous sommes intervenu pour apporter notre expérience : Global Tech Institute, CSC, Genesics, nos amis ingénieurs et scientifiques en Asie et à travers le monde,

À Brigitte Schnieder économiste et banquière.

Nous remercions le Docteur Wahab Baouchi (Algérien Américain) aux États-Unis, physicien et chercheur émérite dont l'Afrique a de quoi être fière. Nous avons eu la chance de travailler sous ce docteur émérite sur un projet de recherche qui utilise le silicone wafer pour détecter les maladies dans le sang humain en conciliant l'électronique, la biologie et la physique. Ce projet a permis notamment à mettre des instruments électroniques au point qui sont utilisés à ce jour dans la détection de plusieurs symptômes de maladie et les pouls du cœur humain. Nous voudrions dire infiniment merci à cet homme de recherches. L'Afrique a de vrais intellectuels mais se tourne toujours vers les pays développés qui nous expédient des cuisiniers à la place des médecins.

Au Docteur Saloum Cissé M.D, un des meilleurs docteurs Afro-Américains d'origine sénégalaise propriétaire de la Clinique Yaye Natou à Dakar. Nos vifs remerciements au Group EECS Concepts, Genesics, l'organisation HVAC Excellence qui a accrédité notre livre technique en

Automatisme appliqué au froid industriel et commercial.

Remerciements aimables à nos différentes familles, nos amis, nos enfants et surtout nos filles.

Remerciements à Mr Saidicus Leberger, directeur de Media Tankonon pour sa contribution, son talent. Un de ses traits caractéristiques, c'est son refus de se taire face à la corruption, à la gabegie et au favoritisme dans toutes les administrations africaines.

Mes amis ingénieurs

Bernard Marquis EECS

Xavier cabane : Homme D'affaires

Peter Simon : Ingénieur électricien

Henry Zone : Cyber Ingénieur

John Ferguson : Embedded ingénieur

Pierre Marie Longkeng : Médical Ingénieur

Issa Sadjo : Ingénieur électronique

Yamamoto Su : Ingénieur robotique

Tyrone Cremona : Ingénieur robotique

Edder plaza : Ingénieur robotique

Dr Ladji Cissé : Ingénieur électronique

A mes Amis

Dr Maxim Some, Docteur Saloum Cissé, Dr. Soumahoro

Cherif Haidara, Siriki Gbane, Docteur Doumbia, Boubacar Coulibaly, Pierre Amichia, Ben Cissé, Ousmane Cissé, Aphing Kouassi, Diomande Moussa (DM), Toure Lamine, Bangaly Cissé, Bazoumana Doumbia, Aboubacar Binate

Group EECS Sponsor de cet ouvrage

Group Zerhex Sponsor

Bridget Schneider, CFP®, CRPC® Financial

Maxime Some : Ancien Ministre

Wahab Baouchi : Homme de sciences

Bernard Marquis : Ingénieur Industriel

Alioune Fall : Homme d'affaires

Youssef Khan : Ingénieur Électrique

Bernard G. Fred : Ingénieur Robotique

Prof. Oumar Chackaoui : Ingénieur Telecom

Pierre Mathieu Amichia : Responsable Hong Kong Telecom Afrique de l'ouest

Pierre Marie : Consultant

Romuald Dallo : Program ingénieur

Henry Zone : IT ingénieur

Fulbert Koffi : Journaliste

Yves Mbengue : Communicateur

Samuel Gorobono : IT ingénieur

Kadidia Vivianne : Examinatrice éducation

Xavier Kabane : Homme d'affaires

MD Diallo : Homme d'affaires

Aboubacar Binate QC : Ingénieur

Michel Lodugnon : Consultant

Siriki Gbane : Économiste

Cherif Haidara : Journaliste

Roger Musandji Nzanza : Journaliste

Bamy Doudou : Diplomate

Éric Mwamba : Journaliste d'investigations

Bonaventure Brou : Expert-comptable

ARATA EDE : Ingénieur Robotique

DAICHI Maurice : Ingénieur Robotique

Iro Yamamoto : Ingénieur Robotique

Famille Bamba : Hommes d'affaire Rwanda

Omar Awad : IT ingénieur

Ali Awad : Homme de sciences

Famille

Bakayoko Mawinka, Jore Sainabou, Diabate Souleymane, Diabate Mori Famma, Diabate Mamian, Sylvie Etienbla, Miriame Koné dite Mimi, Christelle Etienbla, Bintou Jammeh, Nama Kanate fonctionnaire, Alima Kanate Femme D'affaire, Yaya Jammeh, Ousmane Jammeh, Musu K. Bojang, Diabate Assata, Saptieu Jobe Journaliste, Adja Diabagate, Denis Lodugnon

À Toute mes Filles et Fils, la Grande famille Diabaté. À

mes petits-enfants, à mes 14 homonymes et leurs parents. Rose Coulibaly, Souleymane dit Mandjou, mon beau-frère et mon papa spirituel aux USA et son épouse. Ma sœur Saran Diabaté dite Yah, mon neveu Mamadou Kouyaté, mes cousins Mohamed Kouyaté et Ousmane Kouyaté (US department of transport), Boubacar Coulibaly et ma fille adoptive Francis et son mari.

.

Roger Guirma, Koffi Kouadio (ONG225), Charles Kouassi de l'Intelligent d'Abidjan, Salif Dabo (Frat Mat), Youssouf Doumbia, Sarah Cissé, Kouyaté Issiaka, Moustapha Kandiagne, Moustapha Ouattara, Peter Cremona.

CHAPITRE I : Au commencement était la révolution industrielle

Ce livre se penche sur le concept du développement. La sagesse conventionnelle exige qu'il soit d'abord élucidé en termes clairs et précis. Autrement dit à quelle réalité le mot développement correspond-t-il dans notre entendement ?

Pour répondre à cette question et dans le souci d'épargner le lecteur de polémiques d'exégètes ; nous avons plutôt choisi d'énumérer des exemples de pays reconnus universellement comme étant développés. Ce sont : le Royaume Uni, l'Allemagne, les États-Unis, la France, la Finlande, la Hollande, la Suède, le Canada, le Japon et une bonne dizaine d'autres nations sur un total d'environ cent-soixante (160) que compte le monde.

Nous tenons également comme principe admis dans le monde entier que : les pays développés sont tous industrialisés et que leurs habitants jouissent invariablement de conforts et de niveau de vie associés à ce statut. Il est aussi remarquable de noter qu'aucun pays non industrialisé n'est sur la liste des pays dits développés. En conséquence, il nous est permis de soutenir au-moins que l'industrialisation est une condition sinon le minimum requis pour parler de développement. À partir de cet instant, nous pouvons ramener notre quête de comprendre le développement à l'Afrique et nous poser la question suivante : comment industrialiser l'Afrique ?

À ce stade de notre parcours, il est important de relever ce à quoi l'Afrique ressemble à nos yeux. Pour cela, nous allons illustrer le paradoxe de notre continent avec cette petite histoire :

« Un jour, un étranger arriva chez un homme africain et lui demanda : Mon ami, combien d'enfants as-tu ?

- L'africain : 12 en tout.

- L'étranger s'écria : comment-arrives-tu à nourrir toutes ces bouches ?

- L'africain : Dieu merci, j'ai une fontaine et deux camions qui me permettent de nourrir tout le monde.

L'étranger resta muet pendant quelques secondes puis dit : en raison de notre amitié, je vais te proposer des solutions qui vont mieux t'aider à nourrir tes enfants et les enfants de ceux-ci.

- L'africain souri et demanda : que dois-je faire ? »

L'étranger tout heureux proposa que son ami vende sa fontaine et ses camions à quelqu'un qu'il lui proposa. Quelques années plus tard, l'africain réalisa que non seulement il n'arrivait plus à nourrir sa famille ; et que par ailleurs celui à qui il avait vendu ses biens n'était autre que le neveu de son ami.

Notre vision du développement est loin de faire l'unanimité. Certaines voies font état de nos jours de « de-industrialisation ». Cependant, les arguments proposés qui tendent à démontrer les revers de la technologie industrielle sur les emplois sont pour ainsi dire très peu convaincants lorsqu'ils sont passés aux cribles de l'histoire. À cet effet, dans un article poignant intitulé « L'Inde peut-elle se développer sans industrialisation ? », Vivek Dehejia décrit le terme « de-industrialisation » comme le processus qui « creuse l'industrie conventionnelle et la dépouille de ses emplois de col bleu ». Face à une telle calamité qui pourrait retarder voire anéantir la marche vers le développement des pays dont l'Inde, Vivek Dehejia nous rappelle justement que « même s'il n'y aucune loi économique qui dit qu'un pays doit s'industrialiser à fond pour grimper l'échelle du développement ; l'histoire dans ce domaine n'offre pas d'exemples d'une large économie avec une main-d'œuvre abondante qui l'ai réussi d'une autre manière ».[i]

Afin d'étayer et surtout renforcer notre position et celle de Vivek Dehejia sur le chemin à suivre, un survol de l'histoire nous paraît nécessaire. En effet, l'avènement historique qui a tout a enclenché est bel et bien : la révolution industrielle. Elle a débuté en Grande-Bretagne (1780-1820), pour s'étendre à la

France (1830-1870) et l'Allemagne (1850-1880). Peu de faits historiques avaient avant elle occasionné autant d'effets sur la vie des gens ; de l'économie rurale traditionnelle, on passa en un modèle urbain de production mécanisée de biens fabriqués dans des usines à grande échelle.

1.1 L'expérience Britannique

La Grande-Bretagne est reconnue comme le précurseur incontesté de l'industrialisation ; c'est là que la première révolution industrielle a vu le jour à la fin du XVIIIème siècle, vers 1780. Elle modifia profondément l'économie et la société britannique. Les changements les plus immédiats touchèrent la nature de la production, mais également les modalités et la localisation de celle-ci.

Ainsi, de la production de produits primaires, le rôle assigné à la main-d'œuvre évolua vers celle des biens fabriqués dans les usines et la prestation de services.

Les résultats de ces changements n'ont pas tardé : la production d'articles fabriqués en usine augmenta considérablement notamment grâce aux innovations techniques qui ont produit des machines de plus en plus performantes utilisant la vapeur comme principale source d'énergie.

On observa également la croissance de la productivité ; rendue possible par une application systématique des connaissances scientifiques et pratiques au processus de production. Les rendements furent améliorés lorsque les entreprises se regroupèrent en grands nombres sur des surfaces délimitées. Enfin, on nota le phénomène de l'urbanisation ; à travers l'exode des populations des zones rurales ainsi que des grandes migrations transfrontalières vers les zones urbaines.

C'est peut-être dans l'organisation du travail que les changements les plus importants apparurent. L'entreprise s'étendit et prit des traits nouveaux ; de la famille ou du domaine seigneurial, la production se déplaça dans l'enceinte de l'entreprise.

Les tâches devinrent de plus en plus routinières et spécialisées. La production industrielle commença à dépendre largement d'un usage intensif du capital. Les outils de coupe et les machines permirent aux travailleurs de produire en quantités beaucoup plus importantes que par le passé. Les avantages qu'apportait l'expérience d'une tâche (fabrication d'une pièce ou d'un outil particulier) renforcèrent la tendance vers la spécialisation. Cette spécialisation accrue et l'utilisation intensive du capital dans la production industrielle engendrèrent d'autres différences dans la société. Ainsi, de nouvelles classes sociales et professionnelles virent le jour : les ouvriers, concentrés dans les entreprises de fabrication et les industries lourdes ne tardèrent pas à former une classe sociale très homogène, mettant au premier plan du débat politique « la question sociale ». À la fin du XIXème siècle, une grande bourgeoisie industrielle propriétaire des moyens de production émergea ; ses membres sont connus sous le nom de ''capitalistes''.

La Grande-Bretagne théâtre de la première révolution devint alors pour un temps le laboratoire d'un profond changement économique et social. Pendant la plus grande partie du XVIIIème siècle et une bonne partie du XIXème, Londres fut le centre d'un réseau commercial complexe qui s'étendait sur le monde entier et où s'accrurent les exportations de marchandises découlant de l'industrialisation.

Les exportations fournissaient un débouché indispensable aux produits du textile et à d'autres industries manufacturières dans lesquelles l'introduction de nouvelles techniques avait permis une croissance rapide de la production. On nota une accélération importante du taux de croissance des exportations britanniques après 1780 ainsi qu'une forte croissance économique. Ce développement des exportations et l'ouverture sur le marché international occasionnèrent d'autres retombées positives sur l'économie du pays : les revenus des importations permirent aux fabricants d'acheter des matières premières à bas prix (en provenance des colonies) nécessaires à la production industrielle ; et les négociants pratiquant l'exportation acquirent un savoir-faire qui leur fut très utile pour développer le commerce intérieur.

1.2 L'expansion de l'industrialisation

Comme indiqué plus haut, l'industrialisation s'est effectuée entre 1780 et 1820 en Grande Bretagne, entre 1830 et 1870 en France et entre 1850 et 1880 en Allemagne. On l'observa à la fin du XIXe siècle en Suède et au Japon, au début du XXème en Russie et au Canada, dans les années 1950 en Amérique latine et en Asie et encore plus tard dans de quelques pochettes d'Afrique et du Moyen-Orient.

L'économiste W.W. Rostow a appelé cette phase d'industrialisation qui s'est peu à peu répandue dans toute l'Europe, le « *décollage économique* » ou « *take off* ». Le « décollage » se caractérise par une forte accélération de la croissance, des capacités de consommation d'épargne et d'investissement pour les ménages. Il est généralement précédé par une croissance démographique forte (due au recul de la mortalité). La propagation du décollage ne s'est pas étendue partout au même rythme et au même moment comme l'attestent les dates plus haut.

Le cas de la France est, à cet égard, un peu particulier. Il n'y eut pas véritablement de « *décollage* » français au XIXème siècle, mais une croissance continue de 1815 à 1860. On peut expliquer cela par le poids du secteur agricole ; qui occupe une place plus importance dans ce pays que dans les autres. Le secteur agricole continua pour longtemps d'imprimer son rythme à l'économie de la France. À partir de 1830, le rôle de l'industrie dans l'évolution de la révolution industrielle se fit néanmoins plus important et en 1860, la production de fonte française était nettement supérieure à celle de tous les États allemands réunis.

Lorsque la France et l'Allemagne commencèrent à

s'industrialiser, ils durent rivaliser avec la Grande-Bretagne et profitèrent inégalement de l'expérience britannique. Le ralentissement de la première révolution industrielle en France coïncida avec la signature d'un traité de libre-échange avec l'Angleterre en 1860. Cette ouverture des frontières a nui à l'économie française, trop peu industrialisée pour soutenir le défi de la concurrence internationale (triplement des importations, affaiblissement des exportations industrielles). Au contraire, une redistribution des cartes s'est opérée au bénéfice de l'Allemagne et au détriment du Royaume-Uni au cours de ces années qui virent le développement d'une révolution industrielle particulièrement rapide Outre-Rhin (*création des grands Konzerns, etc.*). L'Europe méditerranéenne est, au contraire, restée longtemps à l'écart de la révolution industrielle et ne la connaîtra qu'au XXème siècle.

Si le rôle de l'État fut loin d'être négligeable pour favoriser l'industrialisation de la Grande-Bretagne, il fut en revanche considérable en Allemagne, au Japon, en Russie et dans presque tous les pays qui s'industrialisèrent au XXème siècle. En France, l'État intervint également de plus en plus nettement dans l'évolution économique à partir de cette période.

Par définition, une industrialisation réussie entraîne

une hausse du Revenu national par habitant, du Produit national brut (PNB) et du Produit intérieur brut (PIB). Elle entraîne également des changements dans la répartition des ressources, dans les conditions de vie et de travail, ainsi que dans les comportements et les codes sociaux. En Grande-Bretagne, comme partout ailleurs, la révolution industrielle commença par provoquer une chute du pouvoir d'achat des ouvriers et la détérioration de leurs conditions de vie. Cependant, celles-ci s'améliorèrent plus grâce à l'enrichissement général et des luttes ouvrières. Cette évolution est instrumentalisée par l'essor du syndicalisme et du socialisme porté par l'émergence des conceptions marxistes à la fin du siècle. De loin, le groupe social victorieux de la révolution industrielle fut sans conteste la bourgeoisie. Dans les pays industrialisés, cette classe dominante contrôlait les banques et l'industrie ; elle ne ménageait aucun effort pour assurer une homogénéité dans son mode de vie.

1.3 Quelques réflexions inspirées de la révolution industrielle

Depuis la nuit des temps, l'espèce humaine n'a cessé de progresser. Du stade de primate purement animal, elle est passée à celui plus évolué d'un être plus humain aux facultés physiques, mentales, intellectuelles et morales remarquables. Au fil des âges, diverses sociétés se sont développées avec leurs modes de vie. L'Homme a usé de son intelligence pour inventer et établir des techniques et moyens pour améliorer les conditions de sa vie. Ainsi, diverses sociétés se sont succédé au fil du temps. On pourrait citer entre autres l'Age de la Pierre taillée et l'Age de la Pierre polie (ils vont établir des moyens primitifs de chasse, d'outils agricoles), l'Age du feu (il va permettre de s'éclairer, de se réchauffer, de cuire les aliments), jusqu'à la naissance de la Civilisation avec l'écriture ; méthode ingénieuse de codification qui nous est encore indispensable…

Depuis son origine donc, l'Homme s'évertue à réfléchir aux meilleures manières de tirer satisfaction de son existence. Il recherche perpétuellement comment assurer sa vie, sa protection, son épanouissement ; il cherche comment accroître ou préserver les produits qui lui sont vitaux. Il n'a jamais arrêté de créer pour adapter sa vie à son environnement tout en la rendant plus agréable. Les sociétés se sont constamment transformées : des sociétés primitives aux méthodes archaïques, nous en sommes à présent à une société moderne aux moyens et méthodes techniques plus performants. C'est ce processus ininterrompu d'inventions et de transformations qui a débouché sur l'étape en cours : l'industrialisation et les nouvelles technologies.

L'industrialisation est donc le résultat du processus évolutif inexorable de notre espèce et de notre environnement. Une société est dite moderne, prospère et développée lorsque ses leaders fondent les activités économiques sur l'industrialisation et font preuve d'une gestion sage des biens et des personnes de sorte que tout le monde s'y épanouisse. L'humanité est rentrée dans une nouvelle phase de son évolution. En effet, les progrès scientifiques, techniques et industriels ont fourni des résultats spectaculaires au monde (la voiture, l'avion, la télévision, le téléphone, l'ordinateur, Internet…). Cela a fait naître un nouveau contexte de développement dans lequel tous les pays sont en train de s'inscrire.

Tous les pays dits actuellement développés ont atteint ce stade grâce à l'industrialisation et la technologie. De nombreux autres pays à travers le monde leur ont emboîté le pas et ils connaissent en ce moment une évolution sans pareil. Une nouvelle civilisation mondiale est donc née : la civilisation industrielle, technique et technologique. Le XXème siècle, tournant décisif avant l'entrée dans le 3ème millénaire, a consacré cette civilisation à partir de l'émergence d'une nouvelle génération de pays développés après les pays européens et nord-américains. Ce siècle était le rendez-vous des États ayant expérimenté l'industrialisation. A ce rendez-vous des grandes nations, les États africains avaient brillé par leur absence (à l'exception de l'Afrique du sud dirigée, faut-il le dire, par une population d'origine européenne jusqu'en 1994). Comment comprendre que le bloc Afrique, la grande Afrique, l'Afrique aux potentialités énormes et multiples, n'ait pas pu prendre part à ce grand élan de progrès de l'histoire de l'humanité ?

La nécessité d'un développement endogène, harmonieux et équilibré de l'Afrique est en ce XXIème siècle, une quête dont la condition *sine qua non* est une industrialisation planifiée.

Qui d'autre que l'Africain nouveau peut appréhender avec perspicacité cet impératif incontournable ? il s'agit de déterminer le sort de plusieurs centaines de millions d'hommes et de femmes répartis sur tout le continent unis par un destin commun mais différents par leurs niveaux de vie, croyances religieuses, idéologies, traditions et coutumes. Dans ce monde livré aux hégémonismes et aux antagonismes de tous genres, seule la bonne gestion de ces particularismes peut faire cohabiter et unir les africains.

Aujourd'hui, c'est une futilité d'aligner des statistiques qui caractérisent la situation d'ensemble des pays africains. La notoriété de la sombre réalité et bouleversante des calamités politiques et naturelles est déjà plus probante que tous les discours. La majorité des États africains est classée dans la catégorie des pays les moins avancés (pauvres) au monde. De quelque côté que l'on l'aborde, le tableau reste triste. Ce qui serait cependant constructif et sur lequel l'on devrait s'appesantir, ce sont les moyens à mettre en œuvre pour surmonter ces difficultés et envisager le développement de l'Afrique. Il faut notamment, rechercher sous les braises de ce feu brûlant des potentialités à mettre en évidence et à utiliser dans la ligne d'action de cette quête.

En dépit des discours de pessimisme, ce continent regorge de talents et de ressources ! Nos matières premières alimentent depuis plus de deux cents (200) ans les industries qui ont permis de développer les pays dits avancés. Elles demeurent la raison principale qui explique pourquoi ils continuent de se presser encore aujourd'hui en Afrique, et même à en déstabiliser les régimes politiques pour pouvoir s'en assurer le contrôle.

En parlant de développement endogène et intégral, il faut comprendre les problèmes à l'échelle de toute l'Afrique : nous ne devons jamais perdre de vue notre interdépendance, nos complémentarités, notre sens pointu de l'égalité et de justice dans la quête pour la satisfaction des besoins prioritaires que sont : l'alimentation, le logement, la santé, l'éducation et le bien-être. Ce développement harmonieux et véritable est un défi qui exige une nouvelle politique courageuse et audacieuse avec à la clé, l'insertion des jeunes africains dans les circuits de développement économique, social et culturel. La nécessité de cette insertion au sein d'une société en perpétuelle mutation est évidente pour tous.

L'obligation d'associer intimement les forces vives des nouvelles générations montantes et conscientes à l'accomplissement du destin de la nouvelle Afrique, reste la seule condition de la réussite de ce développement tant recherché. Bien plus que les comportements catastrophiques des dirigeants et des intellectuels africains qui ont étouffé et freiné de grands espoirs et semé le doute dans tous les esprits, l'absence des jeunes africains dans les projets a souvent abouti dans bien des cas à des échecs. Il en a découlé des effets pervers : exode rural, désertion des campagnes, expatriation massive des cerveaux, pour ne citer que les plus remarqués.

Une nouvelle dynamique doit être mise en place pour explorer des voies novatrices grâce auxquelles des projets d'un autre type permettront de résorber le chômage endémique qui sévit de manière drastique dans toute l'Afrique et dont les jeunes sont une fois de plus les victimes les plus touchées. Cette population est constituée majoritairement de recalés scolaires et, pis ! par les nouveaux diplômés de nos écoles aux programmes inadaptés aux priorités Africaines. Ces millions de jeunes africains ont des motivations et une perception de la notion du travail autres que celles de leurs aînés. Ils remettent en cause les conceptions en usage jusque-là, qu'il s'agisse de l'école, de la famille, du développement, des relations entre les hommes et par voie de conséquence, des relations entre les nations.

Les aspirations nouvelles proposées ici pour le développement véritable du continent, demandent à être mieux connues ; le but étant de permettre à la nouvelle génération d'africains de mieux s'organiser afin de répondre aux exigences de développement de la nouvelle Afrique.

L'histoire nous enseigne que la révolution industrielle a été d'abord et surtout l'affaire des États qui ont par la suite favorisé l'éclosion de leurs secteurs privés. L'Afrique ne pourra donc pas faire sa révolution industrielle avec le secteur privé qui lui est proposé par les autres. Les africains doivent se demander pourquoi les pays développés proposent aujourd'hui des politiques néo-libérales à nos pays alors que nous n'avons pas encore assez de richesse pour un secteur privé fort.

Le rôle de l'État n'a jamais été aussi important qu'il l'est aujourd'hui. Les africains doivent savoir que même aux États-Unis, les recherches scientifiques et technologiques sont en majorité financées par le gouvernement fédéral pour ensuite être déclassifiée au profit du reste de la société afin de créer des emplois et la richesse.

Le privé en Afrique n'est pas un privé local, il est très souvent un déguisement des puissances étrangères dont le seul but est de faire le maximum de profits dans un environnement très favorable sans même créer des emplois. L'exemple des compagnies de téléphonie est sans doute le plus familier aux masses africaines ; en moyenne elles payent trois fois plus que les usagers des pays d'origine de ces compagnies. En plus, ces compagnies emploient très peu de personnes et pire offrent une qualité de service médiocre, le tout avec la bénédiction des dirigeants africains.

CHAPITRE II: Le secteur primaire n'est pas notre avenir

Le contraste entre la production agricole africaine et les prix auxquels ils sont soumis sur le marché mondial exprime clairement le sort réservé aux pays africains : c'est le pays consommateur développé qui tire profit de la croissance de la production du pays moins développé. Par conséquent, aussi longtemps que les producteurs agricoles africains continueront sur cette voie, ils seront incapables de contrôler les prix de leurs produits sur les marchés. Toute organisation uniquement fondée sur une entente commerciale entre producteurs, ne suffira pas à obtenir un prix juste à l'échelle mondiale. Il faut en outre que cette structure soit guidée par une politique économique commune, la maitrise de toute la chaîne d'approvisionnement et qu'elle soit soutenue par des ressources financières des États dont elle émane.

Un constat désolant qui amène à reconnaitre que : tant que l'Afrique restera divisée et à la traine de l'industrialisation, les riches pays consommateurs dicteront les prix des cultures de rentes africaines sur le marché mondial. Même si l'Afrique arrivait à imposer le prix de ses produits, cette prouesse ne suffirait pas à elle seule d'assurer l'équilibre économique indispensable à son développement.

L'industrialisation du continent apparaît donc comme la seule voie crédible pour sortir de l'ornière. Cela est d'autant plus impérieux que la périssabilité des matières premières, notamment agricoles, est sans aucun doute l'un des facteurs majeurs qui pèsent le plus lourdement sur la marge de manœuvre des pays producteurs dans la détermination des cours. Un avertissement cependant : l'Afrique ne peut espérer s'industrialiser de façon efficace à la manière de l'Europe et des pays asiatiques sans extirper ses propres démons d'abord. Il lui faudra éliminer ses pratiques sous l'empire du hasard et se débarrasser de la politique du laisser-faire dans laquelle elle baigne actuellement. Elle aura besoin de tous ses talents, de toute son intelligence, pour relever les défis accumulés pendant les soixante (60) années d'indépendance. Alors, africains, si nous sommes couchés, levons-nous ! Si nous sommes debout, marchons ! Si nous marchons, courons ! Galopons vers un développement industriel pensé par nous-mêmes !

Ce livre est le fruit d'une collaboration entre deux « analphabètes »

En définitive, un pays est donc dit développé lorsqu'il est industrialisé. Par conséquent, avant de parler de développement en Afrique, il faut commencer à poser les bases d'une industrialisation. Les devanciers dans ce domaine nous montrent que les retombées d'une industrialisation sont légion ; elles exposent clairement aux yeux de tous les signes du développement sous plusieurs angles.

En effet, la présence d'industries dans un pays offre plusieurs avantages :

Le pays peut ainsi transformer ses produits qu'il peut d'abord commercialiser sur son sol en les rendant accessibles à sa population. Il peut ensuite les exporter et acquérir une plus grande valeur ajoutée. La production quantitative renfloue les caisses aussi bien de l'entreprise que de l'État. Pour ce qui est de l'Afrique, il est indéniable que nos matières premières sont de bien meilleures qualités. Leurs transformations devraient nous permettre de conquérir le marché mondial. L'industrialisation crée de multiples emplois, résorbant ainsi le chômage et son cortège de problèmes ; notamment le banditisme, la délinquance et l'exode des jeunes vers des destinations périlleuses. Elle assure également le gagne-pain d'une bonne masse d'individus qui pourront alors s'émanciper et décharger ceux aux dépens de qui ils vivaient, et devenir à leur tour des adultes productifs pour assister les plus jeunes.

Dans la plupart des pays africains, le secteur primaire occupe environ 70% de la population. Une personne qui travaille peut supporter en moyenne douze (12) autres : le père, la mère, le frère, la sœur, le cousin, la cousine, la tante, l'oncle, le grand-père, la grand-mère, une compagne, un ami. Qu'arrivera-t-il si nous implantions des industries enrôlant 40% ou 50% de la population ?

On peut raisonnablement anticiper quelques conséquences positives : la création d'industries incitera les chômeurs à entreprendre eux aussi des activités agricoles ou commerciales. Les activités commerciales se développeront. Le PIB par habitant connaitra une croissance.

En conséquence, les charges de l'État tels que le chômage et de toutes les formes de soutiens ou de subventions seront allégées. En situation de pauvreté, la masse se tourne vers l'État pour de l'aide. Avec moins de charges, l'État peut désormais entreprendre des projets réels pour l'amélioration du cadre de vie, encadrer les secteurs d'activité et faire face à ses dettes (les réduire considérablement et même les éponger) ; les signes du développement ne devraient pas tarder…

Il est vrai qu'il faut des moyens financiers pour s'industrialiser. Mais, la base fondamentale du progrès est incontestablement l'industrialisation. Développer en fait, c'est produire, c'est innover et c'est aussi copier sur les bons exemples. S'industrialiser, c'est se doter d'infrastructures modernes de production de biens et services. Cela va contribuer à créer des emplois, à intensifier les activités rémunératrices et à générer des fonds aussi bien pour l'État que pour la population.

L'industrialisation occasionne la transformation de l'économie du pays en la boostant et en améliorant les conditions de vie des populations. Les pays d'Asie (Malaisie, Corée du sud, Singapour notamment) qui avaient le même niveau de développement que les pays africains ont émergé après avoir mis en pratique des stratégies d'industrialisation ; leurs richesses d'aujourd'hui en sont les retombées directes. Ces pays ont pu renforcer leurs techniques traditionnelles et ont également tablé sur l'innovation. Grâce à un secteur technologique développé, ils sont en train de se bâtir des économies puissantes respectées dans le monde entier. Celles-ci sont génératrices de fonds en amont et en aval et assurent la stabilité socio-politique qui fait défaut dans de nombreux pays en Afrique.

Par ailleurs, s'agissant de moyens financiers, pouvons-nous affirmer qu'ils ont fait défaut à l'Afrique ? Les États africains ont plutôt agi de manière très erronée. Ils ont contracté des dettes faramineuses qui, normalement, auraient dû permettre leur décollage, mais elles n'ont servi qu'à renforcer la misère des peuples. Les dirigeants africains ont également pensé que c'étaient les ex-puissances coloniales qui devaient ou pouvaient les sortir du trou.

Ils n'ont pas compris que la soi-disant aide au développement était un subterfuge pour maîtriser leur évolution ; voire la bloquer. C'est cela, en fait, la mission des institutions financières internationales telles le FMI et la Banque Mondiale. Elles ont octroyé des dettes et imposé des plans d'ajustement structurels pour leur remboursement sans se soucier des conséquences néfastes de ces mesures sur l'économie du pays et de la situation de misère que cela engendrerait pour le peuple. Elles agissent ainsi à l'égard de l'Afrique par personne interposées pour créer une situation de dépendance financière. Tant que les économies des pays africains seront assises sur le secteur primaire, elles resteront vulnérables et fébriles, car elles seront soumises aux fluctuations des marchés boursiers.

La solution à la pauvreté en Afrique va de soi ; elle est exprimée ici très clairement : elle s'appelle industrialisation.

De nos jours, certains économistes de pays riches font croire qu'une nouvelle politique mondiale s'est mise en place sur fond d'une libéralisation du commerce international. Cela peut paraître attrayant, mais il faut savoir bien analyser les paramètres de ce nouveau jeu économique mondial. Dans la même veine, les organismes internationaux font miroiter une prétendue croissance économique qui aurait cours dans certains d'Afrique depuis quelques années. Les africains, doivent regarder ce genre de déclarations flatteuses avec lucidité : objectivement, cette croissance économique devrait soulager le peuple. En réalité, les statistiques véhiculés dans leurs « rapports » visent une fois de plus à nous berner ; car, la traduction en faits et acquis concrets dans la vie des populations demeure totalement inexistante.

Cette soi-disant libéralisation du commerce international, ne profitera à l'Afrique que si celle-ci s'industrialise. Lorsqu'on nous demande d'ouvrir nos marchés aux produits de l'Occident, ils mettent en place des contrepoids chez eux. Hormis le pétrole et les produits miniers, notamment l'or et le diamant, en majeure partie, nos pays n'offrent à l'exportation que des produits agricoles périssables à des acheteurs qui fournissent eux-mêmes des produits similaires ou qui ont de la préférence pour les produits fabriqués des industries du Nord. Cette attitude n'est ni plus ni moins qu'une politique de déstabilisation. Les pays développés subventionnent leurs secteurs agricoles respectifs pour une plus grande productivité.

Le budget qu'ils y allouent s'élèverait à 256 milliards de dollars. Le but d'une telle politique est assez évident : pouvoir fournir eux-mêmes leurs matières premières, s'auto-suffire donc et ensuite envahir les pays de notre continent qui, savent-ils, se rueront comme des chiens affamés sur leurs marchandises. Le Président américain George W. Bush[ii] avait ainsi signé une loi portant augmentation du budget subventionnel du secteur du coton de quatre-vingt-trois (83) milliards de dollars pour dix (10) années. Examinons ensemble les conséquences de ce scenario : si le prix du coton est bas à l'échelle mondiale, la question qui se pose à nos pays est la suivante : comment arriver à améliorer le prix sur un marché où votre offre arrive en excès ? Bien que traditionnelle, notre agriculture fournit une quantité énorme de matières premières brutes. Nos positions au niveau mondial le confirment : la Côte d'Ivoire, 1er producteur de cacao et 5ème producteur de café...

Un sage africain ne disait-il pas que « *L'erreur est humaine, la persistance dans l'erreur est l'ignorance ?* »

Les Africains sont-ils des éternels ignorants ? Notre développement économique doit respecter nos visions, fondées sur nos réalités, pour ensuite s'intégrer au reste du monde dans sa mouvance globalisante.

L'aspect économique du développement ne pose aucun problème tant qu'un modèle cohérent est poursuivi avec rigueur. Le drame est que le mal est sociopolitique. Lorsqu'en Afrique centrale, dans des zones où il pleut nuits et jours, on nous parle de gens qui ont faim, on est en droit de se poser des questions sur notre mental.

La toute nouvelle trouvaille des Institutions Financières Internationales n'est autre que le concept de la pauvreté. Ainsi des milliers de projets seront créés, les intellectuels, y compris nos "experts", pourront voyager, recevoir des ''perdîmes'' et après cinq ans on nous dira que cela n'a pas fonctionné, comme ce fut le cas avec les politiques d'ajustements structurels.

Point n'est besoin de chercher dans les statistiques les causes de la pauvreté ; des indices pertinents existent : Comptez seulement le nombre de mendiants et de jeunes diplômés sans emploi par coin de rues et écoutez les discours de nos dirigeants et surtout ceux des pseudo-intellectuels.

L'Afrique compte maintenant des millions d'intellectuels qui rivalisent d'ardeur dans l'explication des indices économiques comme le GDP, PNB, PIB et autres, malheureusement peu d'entre eux proposent de vraies solutions à nos problèmes.

Complices volontaires ou ignorants ? un sérieux

handicap de crédibilité se pose à nos élites formées dans les université Occidentales. Ce livre fait écho des préoccupations des africains ; il n'est pas le seul à émettre des critiques sévères qui sont d'ailleurs fondées. Il ne s'agit pas ici d'allonger la longue liste des documents qui garnissent la bibliothèque de l'Afro-pessimisme ; nous proposons des solutions et les avis contradictoires sont les bienvenus.

Chapitre III : Des exemples de pays nouvellement développés - La Malaisie et Singapour

3.1 La Malaisie

L'argument central de ce livre est simple et sans équivoque : bien qu'il y ait d'autres facteurs importants dans un processus de développement (cohésion sociale, cadre propice structurel de l'économie, financement, un système de gouvernement au service du peuple etc.), l'industrialisation demeure la base sur laquelle tout le reste se fonde. En réalité, le développement doit servir à transformer la société mais une maison se bâtit à partir de la fondation.

En matière de développement, la fondation est l'industrie. Dans de nombreux pays comme la Côte d'Ivoire, l'industrialisation n'a pas reçu l'importance qui devrait lui être accordée. Le secteur des services et le fonctionnariat ont en revanche pris le dessus de sorte qu'on assiste à un déséquilibre qui met à nu les tares d'une économie qui a mis la charrue avant les bœufs. La Malaisie a pris un autre chemin…

Lorsque la Malaisie est formée le 16 Septembre 1963, elle comprend les territoires de Malaya (aujourd'hui Malaisie péninsulaire) l'ile de Singapour et les colonies de Sarawak et Sabah au Nord Borneo. En 1965, Singapour fait sécession pour devenir indépendant. L'histoire récente de la Malaisie est celle d'un succès ; celui menant vers le développement comme en atteste cet extrait du discours de l'un de ses architectes :

« Les Malaisiens nés aujourd'hui et dans les prochaines années ; on l'espère feront partie de la dernière génération de nos concitoyens vivant dans

*un pays dit en voie de développement.... L'objectif ultime que nous devons viser est une Malaisie pleinement développée d'ici l'an 2020 (*YAB Dato' Seri Dr Mahathir Mohamad)[iii]

Cette déclaration du premier ministre Malaisien devant le « Business Council » de son pays, nous montre bien que ce pays est en passe d'entrer dans la cour des grands. ; celle des pays industrialisés. Le chemin a été long et parsemé d'embûches, d'erreurs, de réajustement et surtout de détermination à aller de l'avant.

Au départ, l'industrialisation était pour la Malaisie un moyen de réduire la vulnérabilité des denrées d'exportation face à la volatilité du marché international mais le pays a évolué dans sa conception pour utiliser l'industrialisation comme chemin vers le statut d'un pays pleinement développé. La Côte d'Ivoire avait elle aussi créé la caisse de stabilisation pour résoudre le même problème ; cette caisse s'est malheureusement révélée comme une caisse inefficiente qui s'est transformée en caisse noire ; voire une caisse de déstabilisation de l'économie.

Le contraste est évident ; une bonne dizaine de Plans plus tard après l'indépendance en 1957 (le premier entre 1966-1970 et le dernier en cours 2016-2020) la

Malaisie est aujourd'hui presqu'une nation industrialisée donc développée. Malheureusement, en Afrique nous avons eu tendance à mettre le toit avant la fondation de sorte que nous sommes toujours restés à tourner en rond sans savoir où aller. Il n'est jamais trop tard pour bien faire. En écrivant ce livre, nous n'avons aucune prétention d'être au-dessus du lot ; d'ailleurs c'est pour cela que nous rappelons que :

Ce livre est le fruit d'une collaboration entre deux « analphabètes »

Comparaison n'est pas raison, toutefois regardons ci-dessous certaines réalités traduites dans les graphes que le lecteur pourra interpréter sans grande difficulté.

Figure 1. GDP en 1970. Exemples en Afrique

Figure2 GDP en 1970 en Asie

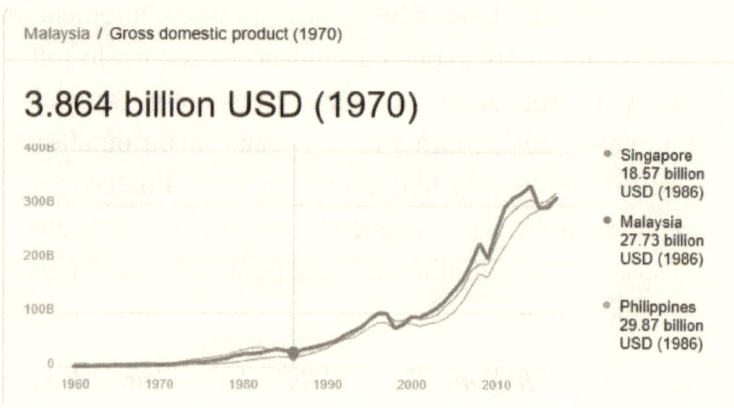

Figure 3. GDP recent 2017. Afrique

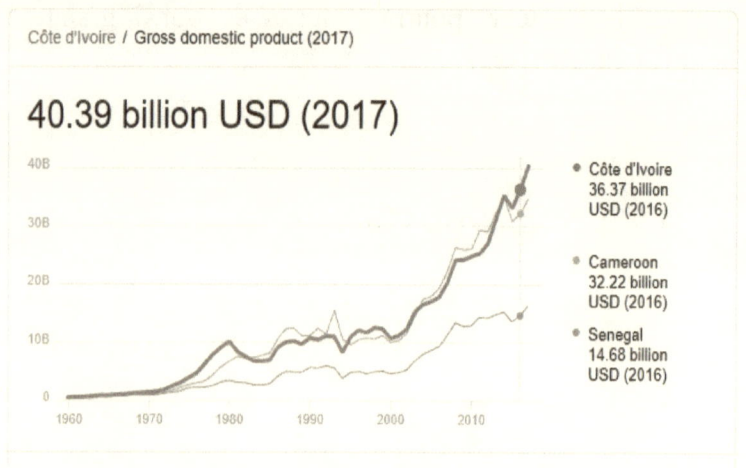

Figure 4. GDP 2017. Singapour, Malaisie, Philippines.

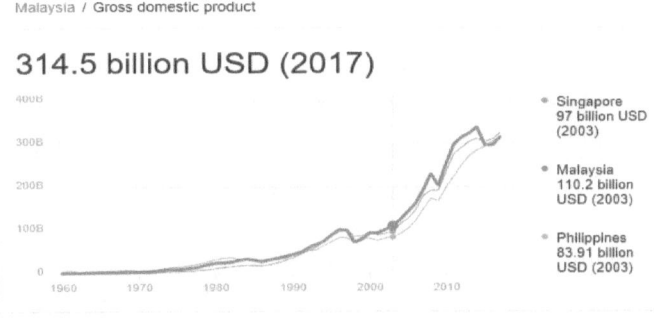

Source : Google. Ces 4 graphes montrent l'évolution du GDP, un indice que nos économistes aiment bien exhiber comme performance économique. Le lecteur remarquera la différence entre les courbes entre nos pays et les autres.

Après vous avoir présenté les courbes d'évolution comparatives du GDP, nous vous proposons ici quelques points saillants des retombées de la politique d'industrialisation de la Malaisie. Pour tout commencer, une anecdote :

1993, Hippo, Malaisie ; il n'y a pas encore de téléphone cellulaire, lorsque l'ingénieur Djibril Diabaté arrive. Il demande qu'on lui attribue une ligne de téléphone dans son appartement afin de mieux travailler non loin de l'usine. Sur le champ, il lui est attribué un numéro de téléphone et la ligne est installée trois (3) jours exactement plus tard. Pour le même service et aujourd'hui encore en Côte d'Ivoire il lui faudrait au-moins six (6) mois pour avoir satisfaction.

Moralité : La Malaisie avait déjà compris l'importance des télécommunications ; elle avait déjà des infrastructures adéquates pour faciliter le travail par les moyens de communications modernes.

Le développement a peut-être plusieurs définitions ; toutefois, l'emploi demeure l'un des critères essentiels qui le caractérisent et aucune définition de développement ne peut véritablement avoir l'adhésion de l'Afrique tant qu'elle ne prend pas en compte cet aspect. L'industrialisation que nous considérons comme la pierre angulaire du développement doit donc être pourvoyeuse d'emplois ; qu'en-est-il en Malaisie ?

Dans ce livre, vous avez sans doute déjà remarqué l'effort considérable que nous avons fourni pour nous éloigner de l'intellectualisme que nous dénonçons d'ailleurs comme l'une des causes du sous-développement. Dans la même veine, nous présentons des preuves schématiques avec des commentaires succincts pour alléger le volume du livre tout en le rendant accessible à tout le monde ; qu'on soit étudiant, économiste ou même un simple élève.

Il est utile de rappeler que les Zones Franches ont été un aspect important dans l'industrialisation de la Malaisie. On remarquera que pendant toute la période couvrant (1972-1987), ces zones représentaient plus de la moitié de la production industrielle du pays ; une preuve que l'industrialisation a joué un rôle primordial dans la création d'emplois. Par ailleurs, elles furent un aspect déterminant de la stratégie de développement orienté vers l'exportation. En effet, la loi sur les Zones Franches de 1971 a exempté les nouvelles zones industrielles abritant les industries d'exportation des tarifs douaniers. Ces firmes dominent aujourd'hui encore les exportations industrielles de la Malaisie même si la valeur réelle de leur contribution demeure un sujet de discussion pour certains.

La Malaisie a compris tôt que la technologie de pointe pouvait accélérer son industrialisation ; elle a donc investi lourdement dans l'industrie électronique ainsi que dans le textile et la fabrication de l'habillement (ces dernières emploient en majorité les femmes). Les Zones Franches ont été un succès sur d'autres aspects ; en particulier comme un moyen d'attirer les capitaux des multinationales recherchant une délocalisation pour minimiser les coûts de production (coûts de la main-d'œuvre, impôts et autres obstacles aux profits). Les assemblages de semi-conducteurs dominent depuis longtemps l'industrie d'exportation de la Malaisie. Plus tard, les Entrepôts Autorisés ont vu le jour ; ils étaient inspirés par le concept de Zones Franches à la différence qu'ils n'étaient pas sous le coup de la restriction spatiale.

Ce livre est le fruit d'une collaboration entre deux « analphabètes »

Tableau 1. Emplois des Zones Franches par rapport à l'industrie

Year	No. of firms (a)	FTZ employment ('000) (b)	Change %	Mean firm employment	Malaysian manufacturing employment ('000) (c)	(b)/(c) %
1972	14	–			231.5	
1973	28	21.2	–	759	294.0	7.2
1974	41	25.6	20.5	624	419.0	6.1
1975	51	31.7	24.0	622	398.2	8.0
1976	56	42.1	32.5	752	448.0	9.4
1977	61	46.9	11.5	769	502.5	9.3
1978	66	53.3	13.7	808	538.3	9.9
1979	73	59.5	11.7	815	652.1	9.1
1980	78	67.1	12.6	860	750.5	8.9
1981	84	72.5	8.1	863	779.8	9.3
1982	89	69.8	-3.9	784	796.2	8.8
1983[a]	98	74.8	7.2	763	800.3	9.3
1984	104	81.7	9.2	786	844.0	9.7
1985	104	68.3	-16.4	657	828.0	8.2
1986	111	70.6	3.4	636	810.0	8.7
1987	100	68.9	-2.4	689	920.6	7.5

http://shora.tabriz.ir/Uploads/83/cms/user/File/657/E_Book/Economics/INDUSTRIALISING%20MALAYSIA.pdf.

L'emploi est l'un des indices les moins disputés en économie. La qualité des emplois crées en revanche peut faire l'objet de divergences entre les spécialistes ; dans le cas de nos pays, l'absence ou le nombre néglieable des industries est le premier problème à resoudre.

Figure 5. Zones industrielles en Malaisie

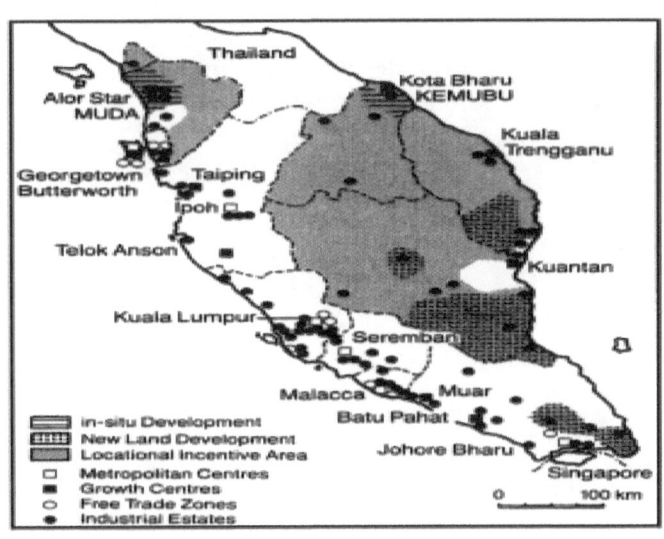

Carte (1) tiré de « Industrialising Malaysia : Policy, Performance et Prospects. 1993 » voir le lien en sur Table 1 pour le document en ligne. Ce document est aussi disponible comme un Livre (Voir ISBN 0–415–09647–2 British Library

Ce tableau ci-dessous montre le taux d'exportations industrielles en Malaisie pendant la période 1970 à 1991. On remarquera la diversité : (Nourriture, boisson, tabac, textile et chaussures) (Bois, caoutchouc) (Produits chimiques, produits pétroliers) (Produits métalliques et non métalliques) que les (Produits électroniques, machines et autres produits industrialisés).

Tableau2. Exportations de la Malaisie 1970-1991

	1970		1980		1985		1988		1989		1990		1991	
	M$m.	% share	M$m.	% share	M$m.	% share	M$m.	% share	M$m.	% share	M$m.	% share	M$m.	% share
Food, beverage and tobacco	112	18	475	8	594	5	1,043	4	1,788	5	2,061	4	2,243	4
Textiles, clothing and footwear	40	7	806	13	1,289	11	2,958	11	3,198	9	3,983	8	4,805	8
Wood products	88	14	467	8	363	3	918	3	1,184	3	1,535	3	2,063	3
Rubber products	17	3	84	1	133	1	326	1	1,143	3	1,356	3	1,749	3
Chemicals and petroleum products	197	32	361	6	1,412	12	1,912	7	2,698	7	3,192	7	3,539	6
Non-metallic mineral products	20	3	61	1	150	1	444	2	658	2	771	2	888	1
Iron and steel and metal manufactures	26	4	161	3	300	2	1,000	4	1,469	4	1,629	4	1,883	3
Electrical and electronic machinery and appliances	17	3	2,832	46	6,028	50	14,039	52	20,743	57	26,496	56	35,602	58
Other machinery and transport equipment	68	11	407	7	1,031	8	1,625	6	1,244	3	2,234	5	3,292	5
Other manufactures[a]	27	5	447	7	831	7	2,820	10	2,467	7	3,886	8	5,363	9
Total manufactured exports	612	100	6,101	100	12,111	100	27,085	100	36,592	100	47,143	100	61,427	100
Total exports (fob)	5,200		28,013		37,576		54,596		67,824		79,646		94,497	
Manufactured exports as % of total exports	12		22		32		50		54		60		65	

3.2- le modèle d'industrialisation de SINGAPOUR

Autant il est souvent dit que l'Égypte est un don du Nile, autant on serait tenté de voir sa situation géographique comme le don de Singapour. Autrefois simple entrepôt sur la route des grands échanges commerciaux entre l'Europe et l'Extrême-Orient, la Cité-État est aujourd'hui considérée comme le tremplin idéal vers toute la région pour les affaires comme pour le tourisme.

Aujourd'hui ce bout de terre immergée, dont la superficie n'excède pas 640 km², s'est affirmée avec force comme le cœur de l'Asie Nouvelle. De petit village de pêcheurs trouvé par Raffles à son arrivée, Singapour s'est peu à peu métamorphosée en une vibrante métropole de 3 millions d'habitants. Devenue un "dragon" de l'économie asiatique, elle est, pour toute la région, le centre du commerce, des transports, de la banque, des communications et du tourisme. La Singapour d'aujourd'hui est l'expression de contrastes saisissants : d'anciennes maisons de commerce restaurées se blottissent au pied de gratte-ciels de verre et d'acier aux lignes élancées, de luxueuses limousines se glissent majestueusement au milieu des cyclo-pousses, la splendeur coloniale de l'hôtel Raffles n'est qu'à quelques pas du plus haut hôtel du monde et non loin de discothèques qui n'ont rien à envier à celle de l'Occident, le tout baignant dans les échos des opéras de rue chinois...

L'île abrite le port le plus actif du monde et son aéroport (il a reçu de nombreux prix pour son excellente organisation) est utilisé par plus de soixante-cinq (65) grandes compagnies aériennes.

Parmi celles-ci, la compagnie nationale *Singapore Airlines* est régulièrement citée par les sondages comme l'une des meilleures au monde. Selon tous les critères, la Cité du Lion est une destination touristique de premier choix. Les déplacements sur le réseau métropolitain ultramoderne, le Mass Rapide Transit (MRT), ou par l'un des très nombreux taxis ou bus, y sont d'une incroyable facilité et remarquablement confortables et très sûrs. L'on y trouve également un éventail de quatre-vingts (80) hôtels de luxe, dix-huit (18) luxuriants parcours de golf, des espaces de shopping et des spectacles très actuels, une foule d'attractions touristiques de premier ordre, des quartiers ethniques plein d'exotisme, un calendrier éblouissant de festivals et d'événements... Tout cela promet au visiteur de magnifiques souvenirs. Mais rien de ce qui est à Singapour n'a surgi *ex nihilo*. Tout cela est parti d'une vision que le peuple singapourien a travaillé pour transformer en réalité concrète et se sortir de la misère. Sans surprise, le chemin et le seul qui a permis à la cité-État de faire l'admiration de tous aujourd'hui est bien entendu l'industrialisation.

Singapour n'a pas une population de la même taille que celle du Nigeria ; les ressources naturelles ne se sont pas donné rendez-vous sous son sol non plus. La cité-État est encore moins une base agricole comme la Côte d'Ivoire pourtant, avec ses

« handicaps », les autorités de Singapour ont d'abord utilisé l'industrialisation comme moyen de diversification à son rôle traditionnel d'entrepôt de la région. En 1968, lorsque les Britanniques se sont retirés de Singapour, l'industrialisation de substitution aux importations est remplacée par la promotion d'une stratégie d'industrialisation orientée vers l'extérieur avec une forte intensité de main-d'œuvre. C'est en ce moment, que le gouvernement a pris les choses en main ; en formulant les politiques économiques par le biais du « Economic Development Board » le conseil du développement économique.

En attirant les compagnies étrangères, les autorités proclament les « Export Expansion Incentives » ; une exemption d'impôts sur le revenu qui est renforcée plus tard avec la loi sur l'emploi de 1968.

Déjà en 1970, la cité-État avait réussi le plein emploi. Avec l'évolution du monde de la technologie, les autorités ont aménagé leur stratégie vers la mise en place d'une économie de compétence et de technologie visant une plus grande valeur ajoutée. Les technologies de l'information deviennent l'instrument principal de cette nouvelle stratégie soutenue par un service de télécommunication de première classe. L'industrie électronique et celle des ordinateurs deviennent ainsi le poumon de la nouvelle offensive industrielle. Les investisseurs sont alors encouragés à chercher les secteurs de main-d'œuvre intensive ailleurs tandis que l'industrie des ordinateurs accroit la productivité dans les secteurs de technologie intensive dont les retombées rejaillissent sur les autres industries grâce à l'informatisation du travail.

Au total, Singapour et la Malaisie nous enseignent tous les deux que l'industrialisation crée des emplois et qu'elle élève le niveau de vie des populations ; ce sont là deux aspects importants de la marche vers le développement. Nous notons également que dans les deux cas, l'implication des gouvernements a été déterminante en attirant l'investissement directe de l'extérieur avec des politiques incitatives. Les organes étatiques crées ont joué un rôle primordial de conception, de contrôle et d'évaluation.

Dans les deux cas, la stratégie d'industrialisation a commencé par des plans de développement muris. Dans l'un comme l'autre cas, le choix s'est porté d'abord sur l'industrie de substitution aux importations pour résoudre la dépendance et résorber le problème de l'emploi ; notamment la main-d'œuvre non qualifiée et abondante.

Les zones Franches ont ainsi été créés avec des conditions favorables aux investisseurs étrangers. La seconde phase de l'industrialisation dans les deux cas s'est effectuée à travers l'industrialisation orientée vers l'extérieur qui a permis de produire localement, de donner du travail à de nombreuses personnes et à asseoir une base d'industrialisation qui a évolué vers les industries de pointe. Dans ce processus, le transfert de technologie est à la fois sournois (la main d'œuvre apprend par la routine) et planifié (formation par l'éducation et par le travail)

Malgré les difficultés aux sources diverses, les cas que nous avons cités sont parvenus à un niveau de developpement que l'Afrique admire de loin comme spectateur impuissant. On sait pourtant que toute œuvre humaine peut être améliorée pourvu que l'on y mette du serieux et de la determination.

En définitive, il ressort que l'industrialisation a besoin d'une vision et d'un courage politique qui doit s'accompagner de la flexibilité néceassaire afin de changer de cap lorsqu'il le faut. Les élites africaines apparaissent comme des intellectuels qui souffrent d'une cécité industrielle. Nos intellectuels parlent de domocratie au lieu d'aider à instaurer le minimum des droits humains : celui de la dignité par le travail.

N'est-il pas grand temps de penser à apprendre des autres qui comme nous ont été colonisés et qui se sont affranchis par l'industrialisation ?

Ce livre est une collaboration entre deux « analphabètes »

Chapitre IV Que doit faire l'Afrique ?

L'Afrique est un continent vaste avec des disparités économiques souvent liées à l'histoire où à la nature. Cependant, un dénominateur commun saute à l'œil : le continent et surtout sa partie Sub-Saharienne demeure le dernier de la classe en matière de développement.

Dans ce chapitre comme, il a déjà été signalé plus haut, la Côte d'Ivoire servira de point de mire. L'Afrique dans toute sa diversité ne peut et ne doit appliquer ce qui suit sans auparavant penser aux adaptations adéquates ; c'est-à-dire qu'il faut tenir compte des réalités spécifiques à chaque pays. Les solutions proposées ici doivent donc servir de tremplin, une sorte de guide au développement. Cela dit, que doit faire la Côte d'Ivoire et les autres pays similaires ?

Pour amorcer le chemin du développement, une stratégie originale à deux axes s'offre à la Côte d'ivoire : la délocalisation progressive et l'investissement directe en source externe. Le mot délocalisation n'a pas une simple définition ; cela est sans doute due à la complexité inhérente au concept.

Toutefois, ses différentes manifestations renvoient à des formes variées d'une réalité générale du monde des multinationales qui étendent leurs activités sur plusieurs zones géographiques. Bernard et Van Sebroeck[iv] dans leurs rapports de 1994 pour le compte du Gouvernement Belge, ont identifié trois types de délocalisation : selon que les activités de la maison-mère subissent un arrêt (brutal ou progressif) ou qu'elles visent une expansion, ou encore une diversification dans un pays tiers. Dans ce livre, le terme délocalisation progressive se définit selon l'objectif assigné dans le temps et il peut comprendre n'importe quel aspect identifié par Bernard et Van Sebroeck.

Ainsi pour la Côte d'Ivoire, la délocalisation aura deux objectifs clairement distincts pour pousser le pays vers le développement. Le pays sollicitera la délocalisation pour : l'emploi en masse et le transfert de la technologie. En conséquence, la délocalisation progressive est une stratégie à deux phases : délocalisation pour l'emploi qui sera suivie de la formation de la main d'œuvre qualifiée. Cela dit, en quoi consiste la première phase de délocalisation ?

4.1 Délocalisation pour l'emploi en masse

La Cote d'Ivoire a une population jeune qui ne cesse d'augmenter. Parallèlement, les infrastructures et les contenus des programmes du système éducatif ainsi que la création d'emplois ne progressent pas au même rythme créant ainsi un déséquilibre social et économique. Le chômage des diplômés, l'exode des jeunes vers les pays développés, l'exode interne des jeunes des zones rurales vers les agglomérations urbaines sont au nombre des problèmes urgents auxquels les autorités font face. En réponse aux dangers que posent ces problèmes, la délocalisation qui vise l'emploi en masse est donc une solution sérieuse à envisager pour éviter les remous sociaux tout en amorçant le développement dans un climat de stabilité et d'optimisme. Le pragmatisme de la délocalisation pour l'emploi en masse se situe dans la prise en compte des réalités du moment : une main-d'œuvre abondante et non qualifiée constituée en majorité d'une masse de jeunes à la recherche d'un premier emploi. Son mérite repose également sur une analyse de certains comportements qu'il faut abandonner.

À ce propos et sans préjugé défavorable aucun, examinons deux attitudes vis-à-vis d'un objet sorti d'usine comme le ventilateur. La plupart des Asiatiques achèteront le ventilateur pour la même raison que les Africains. Cependant, les premiers observeront le fonctionnement de l'électro-ménager de confort et essayeront de le démonter pour acquérir un savoir-faire après un temps d'usage. Passée la saison chaude, les Africains remettront leur joyau dans son emballage original pour attendre la prochaine saison chaude sans se poser de questions craignant seulement qu'il s'abime.

La Côte d'Ivoire doit donc partir à la recherche des entreprises étrangères qui vont donner du travail à ceux qui ont un niveau allant de la sixième (6ème) à celui du Baccalaureat. Les cibles à rechercher sont les compagnies dont les activités requièrent peu d'expérience et faciles à maitriser en un temps raisonnablement court. Il est aussi important d'insister que les cibles soient également des compagnies dont les produits ou services sont destinés à l'exportation ; vers les pays développés. À titre d'exemples, l'on peut citer l'industrie optique ou ophtalmologique[v] (pour la production des lunettes pharmaceutiques) qui a généré $114,9 milliards en 2017. L'industrie du vide, base de toutes les technologies de pointe (Semi-conducteurs, micro-électronique, disque dur des ordinateurs, CPU,

Mémoire des ordinateurs, les Cellulaires et toutes les composantes électroniques) est une autre excellente option pour la création d'emplois en masse.

On estime que L'Industrie du VIDE crée en minimum plus de 1000 emplois, qui génèrent à leur tour 300.000 emplois indirects, et cela dans le transport, le tourisme, etc. Par ailleurs la technologie de l'industrie du vide s'applique aussi dans celle de l'ophtalmologie faisant d'un coup deux pierres. En définitive, la Côte d'Ivoire a besoin de compagnies prêt-à-porter pour cette première phase ; Les atouts ne manquent pas au pays pour se lancer sur une telle voie ; le pays est le poumon économique de l'Afrique Francophone de l'Ouest mais il faut plus…

4.2 Le cadre institutionnel et le financement

La délocalisation progressive doit être guidée et contrôlée par l'État. Le cadre institutionnel de la délocalisation se définit comme l'ensemble des mesures spéciales pour attirer et installer les compagnies cibles. Au nombre de ces institutions figurent en bonne place le code de délocalisation et l'appareil financier sur lequel le programme doit s'adosser.

4.2.a Le code de délocalisation

Le code de délocalisation est un code spécial ; il est différent du code d'investissement du pays. Son but est de mettre en place les meilleures conditions possibles pour l'installation et les opérations des cibles qui acceptent de venir en Côte d'Ivoire afin de résorber des problèmes spécifiques. Les entreprises qui acceptent la délocalisation recevront chacune une part du fond de la délocalisation industrielle.

Elles feront l'objet d'exemption fiscales exceptionnelles. L'investissement initial sera récoupé par le biais d'une taxe fixe dite « taxe de délocalisation » (TD) prélevée sur le salaire des employés pendant toute la durée de leur emploi. L'exigence principale faite aux compagnies délocalisées est la création d'un minimum de 2500 emplois directs sur 3ans en accord avec l'objectif général de création d'emplois en masse. Les entreprises délocalisées ne seront soumises à la fiscalité si et seulement si elles n'atteignent pas le quorum du nombre d'emplois exigés pendant la période indiquée.

Le code de délocalisation exigera également un mécanisme de financement de recyclage de la part de l'État sous la forme de réinvestissement de revenus tirés des premières compagnies dans d'autres entreprises à venir. Au cas où une compagnie ivoirienne exprimerait le désir de bénéficier des privilèges du code de délocalisation, elle cesserait immédiatement d'être considérée comme une entreprise locale devant la loi et bénéficiera de tous les avantages liés à son nouveau statut.

4.2.b Le financement

La délocalisation est une priorité, car la création d'emplois l'est. Le budget national doit réserver une belle proportion au fond de délocalisation. Ainsi, le fond de la délocalisation remplacera s'il y a lieu tout budget destiné à la création des emplois des jeunes ou encore des financements de projets individuels. La tâche de financements des jeunes doit être laissée aux institutions financières habilitées à le faire, toutefois le gouvernement peut les encourager en allégeant les modalités administratives du pays (souplesse d'obtention des papiers par l'informatisation de l'administration et l'accélération des procédures pour constituer les dossiers de demande de prêts).

4.3 La formation de la main d'œuvre qualifiée

Aucun programme de développement aussi bien élaboré soit-il, ne réussira en isolation du cadre général du pays. Pour cette raison, il est impérieux de faire un état des lieux, une vue d'ensemble de ce qui existe comme source d'énergie, main-d'œuvre, infrastructures et situation politique.

Si la question de la main-d'œuvre dans la première phase de la délocalisation est relativement simple, une préparation du futur doit y être associée dès le départ ; en d'autres termes, une reforme concomitante du système éducatif doit accompagner cette phase pour préparer la prochaine étape. L'acquisition du savoir-faire technologique anticipée chez les employés des entreprises délocalisées de la première génération sera limitée et il est envisageable que l'évolution dans le domaine de la technologie ailleurs dans le monde aie des influences directes ou indirectes sur les entreprises délocalisées, d'où la nécessité de produire une main-d'œuvre qualifiée.

L'enseignement technique, l'autre maillon important du chemin vers l'industrialisation est une nécessité vitale à planifier ; il est à ce titre la clef du futur donc du développement tout court. Dans le cas de la Côte d'Ivoire, une vraie politique d'orientation de l'enseignement technique existe ; elle devra se poursuivre et s'amplifier avec en priorité l'implication des professionnels de l'industrie comme enseignants à temps partiel et l'aménagement des programmes afin que place soit faite à la pratique ; c'est-à-dire donner la chance aux apprenants de commettre des erreurs, de les corriger et d'essayer encore plus…

Une partie du budget de la délocalisation doit donc servir à renforcer non seulement l'acquisition du savoir-faire technologique en entreprise mais également dans les écoles du pays.

De nos jours, certains par méconnaissance, pensent que les nouvelles technologies de la communication ouvrent la voie au développement en Afrique. Analysons certains faits indéniables pour déconstruire le mythe des « TIC ». C'est à dessein que notre argumentation pour le développement s'est référée à la première révolution industrielle en Angleterre comme point de départ. Aucun pays développé au monde n'a atteint le seuil qu'on lui reconnaît aujourd'hui grâce aux « TIC ». En réalité, les « TIC » sont des produits dérivés du processus d'industrialisation ; ces technologies aideront plutôt à accélérer la vitesse de la marche des pays comme les nôtres vers le développement. Les USA, la France et la Grande Bretagne ont été des pays développés avant les Apple, Amazone et autres multinationales de ce type. Il y a bien sur une industrie des nouvelles technologies ; l'ensemble des infrastructures de production de biens physiques et de services, de machines qui servent à d'autres secteurs. Cette industrie produit des machines qui accélèrent, facilitent et améliorent la productivité des autres industries. Le cas de Singapour devrait servir aux africains à faire la distinction entre une industrie des technologies de l'information et apprendre à utiliser les produits de cette industrie.

4.4. Sans énergie, il n'y a pas d'industrialisation

L'industrialisation requiert surtout l'existence de sources d'énergie. Ici nous ferons la distinction entre l'éclairage domestique et une assise énergétique qui comprend non seulement l'éclairage mais également les source d'énergie à faire tourner l'économie.

En côte d'Ivoire, un effort colossal a été fourni par les autorités dans le secteur de l'électricité notamment dans la production. Pour l'heure, la distribution est la face visible de ce secteur. Si le monopole de la compagnie de distribution est décrié par la population, cet aspect ne concerne que l'éclairage et il n'est pas le seul handicap à une vraie politique de développement.

Pour mieux servir l'industrialisation, le transport de l'énergie doit subir une réforme pragmatique loin des effets de mode qui veulent faire croire que les énergies renouvelables sont désormais la voie menant au ciel.

Depuis quelques années, certains pays développés se sont lancés soit dans le renouvellement ou la construction de nouvelles centrales nucléaires pour leurs besoins énergétiques ; (Exemple : France, Grande Bretagne). Ces pays ont beaucoup plus de savoir-faire technologiques que les pays Africains. L'état des connaissances actuelles dans le domaine suggère que la viabilité (coûts contre aux effets environnementaux) des énergies renouvelables est prohibitive pour une vraie politique de développement. Pour l'heure, les études se poursuivent pour mieux maitriser les contours de ces sources d'énergie ; le futur nous en dira plus sur les meilleures manières de les utiliser.

En attendant, la sagesse Africaine exige que l'on ne jette pas de grosses sommes d'argent encore une fois dans les poches des entreprises d'énergie renouvelables venant d'ailleurs pour perpétrer le sous-développement de l'Afrique en général.

Pour éviter le piège de la mode, la Côte d'Ivoire doit s'approprier la distribution de l'énergie électrique par les Mini réseaux communautaires (Community mini Grid). N'ayant pas le financement nécessaire pour un réseau national pour l'industrialisation, les Mini-réseaux communautaires représentent l'option la mieux appropriée à ce stade de notre développement. L'essor de l'esprit d'entrepreneuriat qui prévaut actuellement dans le pays n'en demandera pas mieux : les investisseurs privés y trouveront une opportunité d'affaires et l'on verra par la même occasion l'éclosion de l'utilisation domestique de sources d'énergie comme le solaire avec des panneaux reliés aux Mini réseaux communautaires. Les entreprises délocalisées pourront ainsi trouver sur place la source d'énergie dont elles auront besoin.

Dans sa phase initiale, l'on anticipe une préférence des entreprises délocalisées pour les zones portuaires du pays mais une distribution nationale des Mini réseaux communautaires servira à désengorger ces zones et donnera sa chance à toutes les autres régions du pays de participer à l'effort d'industrialisation et de développement. Cette nouvelle approche de la conception et de l'exploitation du réseau électrique évite les coûts onéreux du transport sur les longues distances, elle stimule l'économie locale, fournit de nouvelles sources d'énergie mieux que le système centralisé et augmente l'independence énergétique.

Figure 6. Les grilles d'électricité.

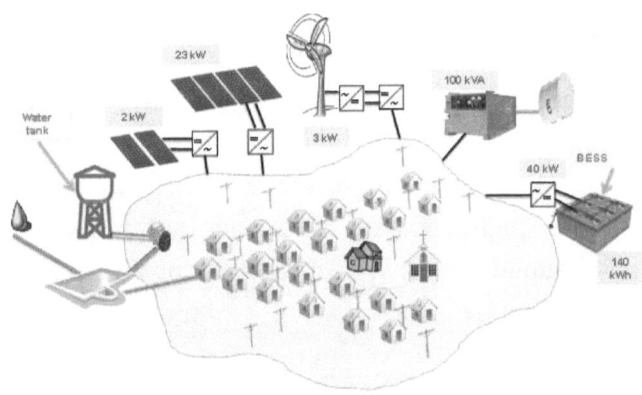

Fig.6 : Les grilles sont conçues pour fournir des tensions d'amplitudes largement constantes. Cela doit être réalisé avec une demande variable, des charges réactives variables, voire des charges non linéaires, avec une électricité fournie par des générateurs et des équipements de distribution et de transmission qui ne sont pas parfaitement fiables. Les réseaux utilisent souvent des changeurs de prise sur les transformateurs proches des consommateurs pour ajuster la tension et la maintenir dans les spécifications.

4.5 L'investissement directe en source externe

Le deuxième volet de notre proposition sur l'industrialisation est une offensive économique à l'extérieur. La terre d'Afrique a souvent été décrite comme un accident géologique ; nous avons toutes les ressources naturelles réunies sous nos terres, quelle richesse ! n'est-ce pas ?

Dans le même temps, le continent Africain traine la notoriété de victime éternelle de ses richesses naturelles ; l'Africain est pauvre de ses richesses et riche de sa pauvreté. Aux yeux des autres, nous n'avons aucun mérite ; un sentiment exprimé indûment dans le mot accident et en plus, nous sommes des incapables puisque nos malheurs surgissent lorsque nous n'arrivons pas à gérer les miettes que les exploiteurs nous jettent par-dessus. Il est donc grand temps que le tigre rugisse au lieu de proclamer sa « tigritude ».

« L'Afrique doit aller à l'assaut de l'Occident »

Reconnaissons nos lacunes d'abord, nous n'avons pas encore assez d'expertise pour extraire et ajouter de la valeur à nos matières premières ; qu'elles soient minérales ou agricoles. Ceux qui ont cet avantage pour le moment sont les Occidentaux et les Asiatiques, alors que faire pour remédier à cette situation ?

Plus haut, nous avons proposé la délocalisation comme stratégie vers l'industrialisation c'est-à-dire le premier pas vers le développement. Bien qu'ayant d'énormes retombées positives, la délocalisation est une stratégie quelque peu défensive ; elle est sujette aux conditions incitatives proposées par le pays demandeur et d'une certaine manière aux objectifs de l'entreprise sollicitée. La direction du rapport de force part de l'extérieur vers l'intérieur. Le chemin inverse est également possible et doit même constituer l'autre volet important de notre vision d'intégration dans le monde globalisant. La Côte d'Ivoire a déjà reconnu le mérite de transformer ses matières premières en produits semi-finis avant de les exporter vers les pays développés. Pour les produits agricoles notamment, cette politique doit être intensifiée et facilitée. Cependant, une telle politique produirait encore plus de retombées positives si l'on allait jusqu'au bout de la chaîne, c'est-à-dire jusqu'au produit fini.

La Côte d'Ivoire doit avoir ses usines de transformation dans les pays consommateurs des denrées (café-cacao) que nous produisons. Ces usines seront établies et régies selon les lois du pays consommateur ; il s'agit tout simplement de créer des entreprises locales avec des produits semi-finis venus de Côte d'Ivoire. Quels sont les avantages d'une telle politique ?

La création d'emplois dans les pays hôtes, l'accès rapide aux produits finis pour le consommateur local et une nouvelle source d'impôts pour le fisc du pays ou de la région hôte sont les retombées positives pour le pays hôte. Au profit de la Côte d'Ivoire, on observera d'abord un début de résolution du problème de dépendance vis-à-vis des acheteurs de nos produits à l'état brut. Une précision de taille s'impose à ce stade de nos propositions : il ne s'agira pas de mener une compétition aux multinationales déjà établies sur le marché car celles-ci demeurent des clients importants et disposent de moyens de coercition économiques (campagnes médiatiques défavorables, une vision erronée de l'Afrique dans l'opinion publique qu'elles peuvent manipuler à souhait par l'intermédiaire de groupes de lobby). Cet aspect explique pourquoi nous déconseillons la transformation des denrées agricoles (café et cacao) en produits finis sur place jusqu'au moment où notre économie sera soutenue par le secteur secondaire et le tertiaire. C'est seulement en ce moment qu'il sera possible au pays de mener une politique de spéculation de produits agricoles sur le marché international ; les denrées n'étant plus les poumons de notre économie et la terre cultivable moins exploitée.

Pour mieux mener l'offensive vers les pays développés, la Côte d'Ivoire procèdera par l'établissement d'unités de tailles modestes visant une consommation limitée au pays d'accueil. Par ailleurs, cela donnera une chance de création d'emplois pour la diaspora grandissante du pays ; soit sous forme de franchise ou comme employés des entreprises de leur pays d'origine et une source directe de devises pour l'État de Côte d'Ivoire.

Un exemple serait la création d'unités de vente de café made in Côte d'Ivoire dans la capitale Britannique où des longues queues se forment pour arracher les petites tasses de « roast coffee » chaque matin. Les machines utilisées dans de tels cafés constitueront une autre source d'emplois pour des ivoiriens avec le savoir-faire dans le domaine de la conception de petites machines.

En tout état de cause, les pays hôtes doivent être ciblés avec extrême précaution. La transformation en produits semi-finis a d'autres retombées dans le pays d'origine : la création d'emplois (surtout pour les femmes) sur place dans les centres de conservation pour les produits agricoles par exemple.

En définitive, nous avons proposé l'industrialisation comme le chemin menant au développement de l'Afrique en général et de la Côte d'Ivoire en particulier. Cette proposition tient du constat que partout ailleurs, l'industrialisation a marqué le premier pas vers l'établissement d'une vie de confort social, économique et psychologique pour la majorité des populations vivant dans les pays reconnus comme ayant atteint le développement.

La Chine ne s'est pas développée au même rythme que la Finlande ; la Côte d'ivoire ne développera pas non plus avec la même vélocité que la Malaisie. Ce qui importe, c'est la détermination d'atteindre une série d'objectifs et d'en planifier les étapes tout en sachant que le vrai développement n'est autre chose qu'une transformation profonde de la société avec pour objectifs : le confort, le bien-être matériel, social et économique à la suite d'une industrialisation. Le développement est donc une affaire de planification par les hommes et les femmes d'un pays, qui en décident du rythme, des objectifs et transforment leur système d'éducation et leur mentalité en conséquence.

Figure 7. Djibril Diabaté dans une usine du vide

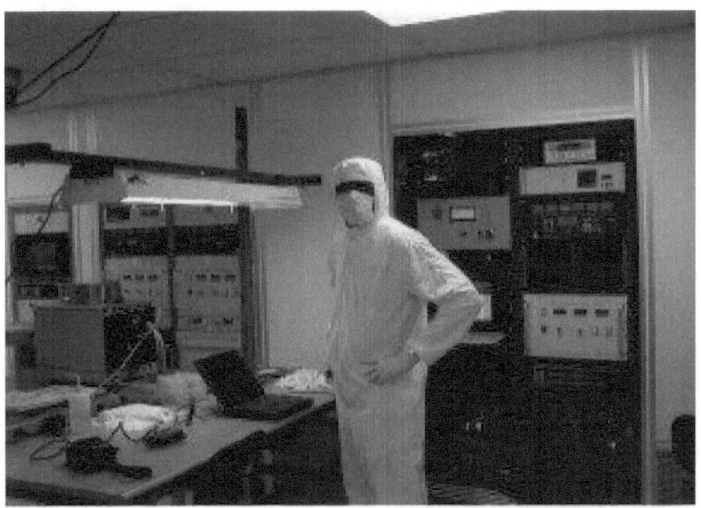

Fig.7 : Dans un laboratoire une salle blanche est une installation de laboratoire utilisée habituellement dans le cadre d'une production industrielle spécialisée ou de la recherche scientifique, y compris la fabrication d'articles pharmaceutiques et de microprocesseurs. Les salles blanches sont conçues pour maintenir des niveaux extrêmement faibles de particules, telles que la poussière, les organismes en suspension dans l'air ou les particules vaporisées. Les salles blanches ont généralement un niveau de propreté quantifié par le nombre de particules par mètre cube à une mesure de molécule prédéterminée. Dans une zone urbaine typique, l'air extérieur ambiant contient 35 000 000 de particules par mètre cube, dans la plage de taille supérieure ou égale à 0,5 μm, ce qui équivaut à une salle blanche ISO 9. Par comparaison, une salle blanche ISO 1 ne permet 12 particules par mètre cube de 0,3 μm et moins.

Figure 8. Djibril encore dans une usine

Fig.8 : Le dépôt par faisceau ionique (IBD) est un processus consistant à appliquer des matériaux à une cible par l'application d'un faisceau ionique. Un appareil de dépôt par faisceau ionique comprend généralement une source d'ions, une optique ionique et la cible de dépôt. Un analyseur de masse peut éventuellement être incorporé. Automatisé par Djibril Diabaté

Figure 9. Une tranche électronique.

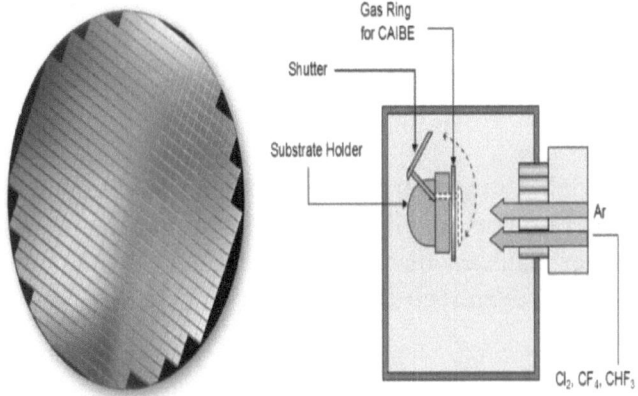

Fig.9 : En électronique, une tranche (également appelée tranche ou substrat) [1] est une fine tranche de semi-conducteur, telle qu'un silicium cristallin (c-Si), utilisée pour la fabrication de circuits intégrés et, en photovoltaïque, pour la fabrication de cellules solaires. La plaquette sert de substrat pour les dispositifs microélectroniques intégrés dans et sur la plaquette. Il subit de nombreux procédés de microfabrication, tels que le dopage, l'implantation d'ions, la gravure, le dépôt en couches minces de divers matériaux et la structuration photolithographique. Enfin, les microcircuits individuels sont séparés par découpage en dés et emballés sous forme de circuit intégré.

La répétition est dit-on une vertu académique ; nous réitérons ici quelques retombées d'une industrialisation :

Augmentation du revenu national.

L'industrialisation permet l'utilisation optimale des ressources rares du pays. Il contribue à augmenter la quantité et la qualité de différents types de produits manufacturés et d'offrir ainsi une plus grande contribution au produit national brut. (PNB).

Niveau de vie élevé.

L'industrialisation contribue à augmenter la valeur de la production par travailleur. Le revenu du travail en raison des hausses de productivité plus élevés. La hausse du revenu soulève le niveau de vie des personnes.

La stabilité économique.

L'industrialisation est la meilleure façon d'assurer la stabilité économique d'un pays. Une nation qui dépend de la production et l'exportation de matières premières ne suffit pas à atteindre un taux rapide de croissance économique. Les incertitudes de la nature, la demande limitée et fluctuante de la matière première agricole entrave le progrès économique et conduit à une économie instable.

Amélioration de la balance des paiements.

L'industrialisation apporte des changements structurels dans le modèle du commerce extérieur du pays. Il contribue à augmenter l'exportation de produits manufacturés et donc gagner des devises étrangères. D'autre part le traitement des matières premières à la maison restreint l'importation de marchandises et aide ainsi à conserver ses devises. L'orientation à l'exportation et l'importation des effets de substitution de l'industrialisation de l'aide dans l'amélioration de la balance des paiements.

Stimulation de progrès dans d'autres secteurs.

L'industrialisation stimule le progrès dans d'autres secteurs de l'économie. A l'évolution d'une industrie conduit à la création et l'expansion d'autres industries. Par exemple, la construction d'une usine de radio transistor, développe l'industrie des batteries de petite taille (en arrière de liaison). La construction d'usines de transformation du lait ajoute à sa gamme de production de crème glacée. Plantes de crème glacée, etc. (Avant de liaison).

Augmentation des possibilités d'emploi.

L'industrialisation offre des possibilités d'emploi accrues dans les industries à petite échelle et à grande. Dans une économie agraire, l'industrie absorbe les travailleurs sous-employés et les chômeurs du secteur agricole et augmente ainsi le revenu de la communauté.

Favorisation la spécialisation.

L'industrialisation favorise la spécialisation du travail. La division du travail accroît la valeur du produit marginal du travail. Le revenu de ce travailleur dans le secteur industriel est donc plus élevé que celui d'un travailleur dans le secteur agricole.

Facilité à contrôler l'activité industrielle.

L'activité industrielle par rapport à l'agriculture est facile à contrôler. La production industrielle peut être élargi ou réduit en fonction du coût des prix et de la demande du produit.

Grande portée pour le progrès technologique.

L'industrialisation permet une plus grande portée pour la formation professionnelle et le progrès technologique. L'utilisation des technologies de pointe augmente l'échelle de production, réduit les coûts de production, améliore la qualité du produit et contribue à l'élargissement du marché.

Réduction du taux de croissance de la population.

L'industrialisation entraîne la migration de main-d'œuvre excédentaire du secteur agricole aux industries situées pour la plupart dans les centres urbains. Dans les villes, les installations améliorées d'assainissement et des soins de santé sont disponibles. Les gens à travers l'adoption de mesures de planification familiale peuvent réduire le taux de croissance de la population.

Augmentation de l'épargne et l'investissement.

L'industrialisation augmente le revenu des travailleurs. Il améliore leur capacité à épargner. Les économies volontaires, stimuler la croissance industrielle et par l'effet cumulatif conduire à une nouvelle expansion de l'industrie.

Petite pression sur les terres.

La création et l'expansion des industries diminuent la pression excessive de la population active **du secteur agricole.**

Développement des marchés.

Avec le développement des industries sur le marché des matières premières et produits finis s'élargit dans le pays.

Augmentation des recettes du gouvernement.

Industrialisation permet d'accroitre l'offre de biens à la fois pour les marchés internes et externes. L'exportation de marchandises fournit des changes. Les droits d'accises de douane et autres taxes prélevées sur la production de biens d'accroître les recettes de l'État. L'impôt sur le revenu reçu par les industriels ajoute à la source de revenus du gouvernement

À PROPOS DES AUTEURS

Djibril Diabaté est présentement ingénieur PE à Process Solutions et Intégration (Stanwood Washington State). Il y travaille sur les codes « Machine Langage Scada et HMI » pour des projets robotiques avec pour clients des compagnies de pointe à travers le monde. Auparavant, il a passé 16 ans à Commonwealth Scientific Corporation comme ingénieur de control et d'automatisme avec une responsabilité de chef d'équipe de projet pour l'Asie sur les équipements dans les industries de procès de semi-conducteurs dans les pays suivants :

Japon, Malaisie, Thaïlande, Taïwan, ainsi que dans les industries de Hong Kong, (Disque Dure / CPU / SDRAM).

En 1996, Il a passé 6 mois de recherche sur ESD avec un procédé DLC (Diamond Like Carbon) à Hong Kong « University of science et technology » microélectronique Lab.

Par ailleurs, il est intervenu dans plusieurs industries dans les pays suivants : Indonésie, Vietnam, Singapour, Corée, Irlande, Suède, Suisse, auprès des compagnies dont TDK, IBM, INTEL, R&R, ABB-AMC, Samsung, ALPS, Applied Science, Seagate, Uni Phase, Headway Biostart, etc.

Il a une connaissance poussée de l'ION BEAM et

PLASMA BRIDGE utilisés dans l'industrie aérospatiales pour la propulsion des fusées dans l'espace. Enfin, Djibril Diabaté a passé 4 années entant que directeur d'éducation à Global Tech Institue à Lincoln Illinois.

****

Anzman Diabaté a fait des études de développement avec une spécialité en droit international des réfugiés à Londres. Son cursus professionnel comprend entre autres un poste d'assistant de cartographie à l'organisation internationale des migrations à Londres, Directeur Administratif et Financier à Maverick Sales & Marketing (consultance en produits et services de santé) à Marlow (Buckinghamshire à 40km de Londres). Mais, c'est dans le journalisme qu'il a débuté avec Stallion Communications Limited en 1997 à Londres. Il est actuellement attaché auprès de City Hall et écrivain. Au nombre de ses publications figurent :

« Cartographie de la communauté ivoirienne au Royaume uni » en 2008 pour le compte de l'organisation internationale des migrations.

« Houphouetisme et la nouvelle Cote d'Ivoire » Edilivre 2017.

« Le testament du Binguiste Africain » Edilivre, 2017.
« The Curse of the Pink Blood » Auto-publication en 2019

INDEX

archaïques
Banque Mondiale
Civilisation
concurrence
décollage
développement, 58, 59, 60, 65, 66, 67, 69, 70, 71, 84
endogène

exode, 60
fabriqués
FMI
la révolution
libéralisation
pauvre, 72
primaire
spécialisation, 82
statistiques

www.ingramcontent.com/pod-product-compliance
Lightning Source LLC
Chambersburg PA
CBHW031925170526
45157CB00008B/3052